러시아어 쓰기 연습

차 례

러시아어 문자 __5__

알파벳 익히기 __7__

그림으로 단어 익히기 __47__

단어 및 문장 익히기 __67__

러시아 지도

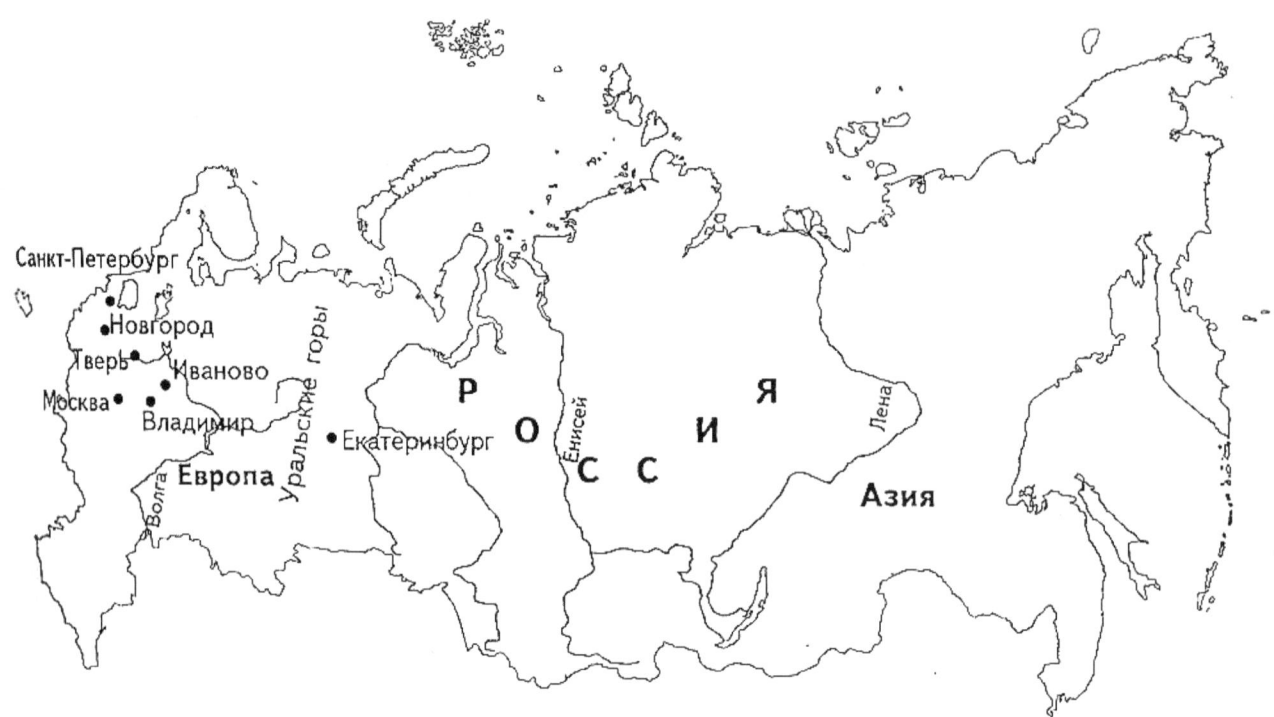

러시아어 문자

러시아어는 인도 유럽어의 동슬라브어족에 속하는 언어이다. 현재 러시아에서 사용하고 있는 알파벳을 끼릴문자라고 부른다. 끼릴문자는 9세기경에 그리스의 선교사였던 끼릴과 메포지가 그리스어의 알파벳을 근간으로 슬라브 민족 특유의 발음에 상응하는 알파벳을 보충하여 만든 문자이다. 끼릴문자는 1000년 전에 기독교와 함께 러시아로 유입되었다. 현재 러시아어에는 모음 10개, 자음 21개 그리고 두 개의 경·연음 표시 기호를 포함 33개의 문자가 사용되고 있다.

활자체		필기체		명칭	발음
А	а	𝒜	𝒶	아	[a]
Б	б	𝓑	𝒷	베	[b]
В	в	𝓑	𝓋	붸	[v]
Г	г	𝒯	𝓰	게	[g]
Д	д	𝒟	𝒹	데	[d]
Е	е	𝓔	𝓮	예	[je]
Ё	ё	𝓔̈	𝓮̈	요	[jo]
Ж	ж	𝓙𝓌	𝓌	줴	[ʒ]
З	з	𝓩	𝓏	제	[z]
И	и	𝓤	𝓾	이	[i]
Й	й	𝓤̆	𝓾̆	이 · 끄라뜨꼬예	[j]
К	к	𝒦	𝓀	까	[k]

활자체		필기체		명칭	발음
Л	л	*Л*	*л*	엘	[l]
М	м	*М*	*м*	엠	[m]
Н	н	*Н*	*н*	엔	[n]
О	о	*О*	*о*	오	[o]
П	п	*П*	*п*	뻬	[p]
Р	р	*Р*	*р*	에르	[r]
С	с	*С*	*с*	에스	[s]
Т	т	*Т*	*т*	떼	[t]
У	у	*У*	*у*	우	[u]
Ф	ф	*Ф*	*ф*	에프	[f]
Х	х	*Х*	*х*	하	[kh]
Ц	ц	*Ц*	*ц*	쩨	[ts]
Ч	ч	*Ч*	*ч*	체	[ch]
Ш	ш	*Ш*	*ш*	샤	[sh]
Щ	щ	*Щ*	*щ*	쉬차	[shch]
Ъ	ъ		*ъ*	뜨뵤르드이 즈낙	경음부호
Ы	ы		*ы*	의	[ɨ]
Ь	ь		*ь*	먀흐끼이 즈낙	연음부호
Э	э	*Э*	*э*	에	[e]
Ю	ю	*Ю*	*ю*	유	[ju]
Я	я	*Я*	*я*	야	[ja]

알파벳 익히기

[a] 아

후치, 하위 모음이고 비원순 모음이다. 혀끝은 아랫니 뒷부분에 위치하고 혀의 가운데 부분은 약간 올라간다.

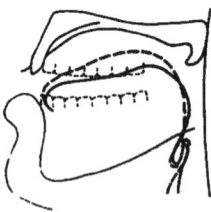

예) мáма 엄마   пáпа 아빠

[b] 베

양순음, 폐쇄 파열음으로 유성음이다. 양 입술이 닫혔다가 갑자기 파열하면서 성대가 울려서 발음된다.

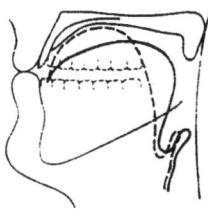

예 баскетбо́л 농구

Б б

[v] 붸

순치음, 마찰음으로 유성음이다. 윗니를 아랫입술에 올려놓고 혀의 가운데 부분을 위로 상승시키면서 성대를 울려서 발음된다.

예 водá 물   váза 꽃병

B b

[g] 게

후설음, 폐쇄 파열음으로 유성음이다. 혀의 뒷부분이 연구개 쪽으로 올라가서 공기의 흐름이 잠시 폐쇄되었다가 파열되면서 발음된다.

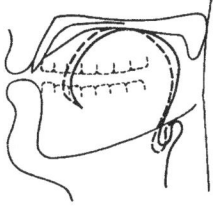

예 горá 산   кнѝга 책

Г г   Г г Г г

𝒯   𝒯 𝒯 𝒯

2   2 2 2

알파벳 익히기

[d] 데

전설치경음, 폐쇄파열음으로 유성음이다. 혀 표면의 앞부분이 경구개에 닿으면서 발음된다.

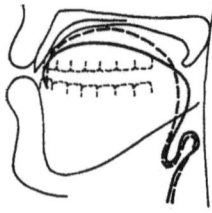

예) дом 집 вода́ 물

Д д   Д д Д д

𝒟   𝒟 𝒟 𝒟

g   g g g

[je] 예

전치, 중위 모음이고 비원순 모음이다. 혀의 앞부분이 약간 올라간다. 즉 모음 [э]와 조음 위치, 방법이 유사하다. 다만 [э] 앞에 [j] 발음(러시아어의 [й])을 추가하면 된다. 한국어의 복모음 [jэ]와 발음이 유사하다.

예) еда́ 음식   есть 먹다

[jo] 요

후치, 중위 모음이고 원순 모음이다. 혀의 뒷부분이 약간 올라가고 입술이 앞으로 나오면서 둥글게 된다. 즉 [o] 앞에 [j] 발음(러시아어의 [й])을 추가하면 된다. 한국어의 복모음 [jo]와 발음이 유사하다. 항상 역점이 떨어진다는 사실에 유의할 것.

예 ёж 고슴도치   бельё 속옷

[ʒ] 줴

전설 경구개음, 마찰음으로 유성음이다. 혀 끝을 위로 당겨 올리고 혀 끝과 치조와 경구개의 경계사이에 틈이 형성되면 그 틈 사이로 공기가 나오면서 발음된다. 이때 입술을 앞으로 내밀어 모음 /y/를 발음할 때처럼 원순형을 만든다.

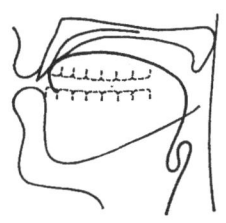

예) yжé 이미   женá 아내

[z] 제

전설 치경음, 마찰음으로 유성음이다. 혀 표면의 앞부분과 경구개 사이에 틈이 생기고 그 틈 사이로 공기가 흘러나오면서 발음된다.

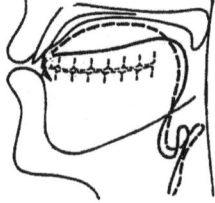

예) зуб 이, 치아

З з   З з   З з

З   З   З

з   з   з

[i] 이

전치, 상위 모음이고 비원순 모음이다. 혀의 양측면 부분은 이에 닿고, 혀의 끝은 아랫니에 닿는다. 이때 입술간의 간격이 최소화된다.

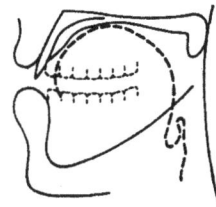

예 и 그리고　и́ли 또는

И и

𝓊

𝓊

[j] 이끄라뜨꼬예

중설음, 마찰음으로 공명음이다. 혀의 가운데 부분이 경구개로 올라가고 혀끝이 아랫니 뒤에 위치하면서 발음된다.

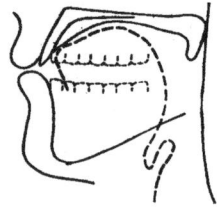

예) йод 요오드   мой 나의

[k] 까

후설음, 폐쇄 파열음으로 무성음이다. 자음 /г/와 똑같이 조음되고, 다만 성대가 울리지 않는 무성음이라는 차이가 있다.

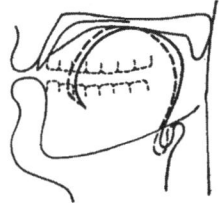

예 окно́ 창문   как 어떻게

K к   K к K к

알파벳 익히기 19

[l] 엘

공명음, 전설 치경음으로 마찰음이다. 혀의 끝부분은 윗니 잇몸에 닿는다. 혀의 표면 뒷부분은 연구개 쪽으로 향하고 혀의 중간 부분은 우묵하게 들어가면서 발음된다.

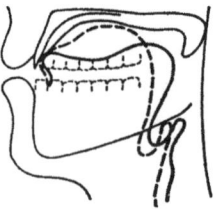

[예] луна́ 달

Л л

[m] 엠

공명음, 양순음으로 폐쇄 파열음이다. 양 입술이 닫힌 상태에서 혀의 중앙 부분이 약간 위로 올라가고 파열과 동시에 입술이 열리면서 발음된다.

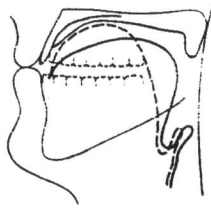

예 дом 집   май 5월

M м

알파벳 익히기

[n] 엔

공명음, 전설 치경음으로 폐쇄 파열음이다. 혀의 끝부분은 아랫니 뒷부분에 닿고, 혀의 앞부분이 윗니 뒷부분을 건드리면서 발음된다.

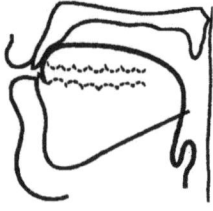

예) Но 그러나   Нос 코

Н н   Н н Н н

[o] 오

후치, 중위 모음이고 원순 모음이다. 혀의 뒷부분이 약간 올라가고 입술이 앞으로 나오면서 둥글게 된다.

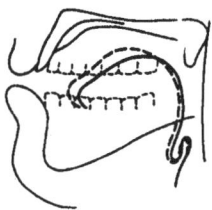

예 OH 그   POT 입

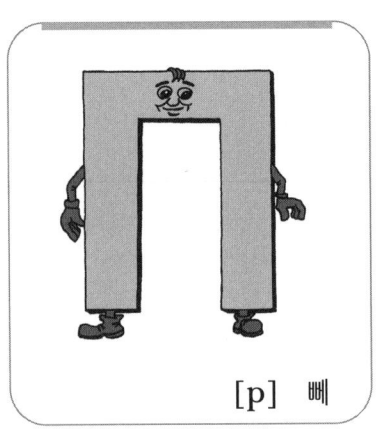

[p] 뻬

양순음, 폐쇄파열음으로 무성음이다. 자음 /б/와 똑같이 조음되고, 다만 성대가 울리지 않고 무성음이라는 차이만 있을 뿐이다.

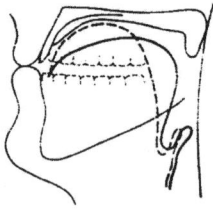

예) перó 펜

П п

[r] 에르

공명음, 전설 경구개음으로 진동음이다. 혀끝이 윗잇몸에 닿고, 폐에서 올라온 공기의 흐름이 진동해서 발음된다. 이 때 혀의 양측면은 윗니의 압박을 받고 혀의 뒷부분은 위로 올라간다.

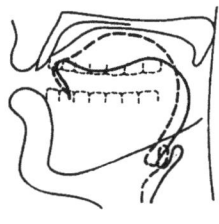

예) рабо́та 일

P p   P p P p

𝒫   𝒫 𝒫 𝒫

𝓅   𝓅 𝓅 𝓅

알파벳 익히기

[s] 에스

전설 치경음, 마찰음으로 무성음이다. 자음 /з/와 똑같이 조음되고, 다만 성대가 울리지 않는 무성음이라는 차이가 있다.

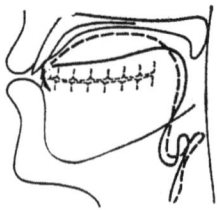

예) сок 쥬스   лес 숲

C c   C c C c

C   C C C

C   C C C

[t] 떼

전설 치경음, 폐쇄 파열음으로 무성음이다. 자음 /д/와 똑같이 조음되고, 다만 성대가 울리지 않는 무성음이라는 차이가 있다.

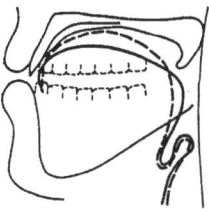

예 телефóн 전화

T t   T t T t

𝒯𝓉   𝒯𝓉 𝒯𝓉 𝒯𝓉

𝓂   𝓂 𝓂 𝓂

알파벳 익히기

[u] 우

후치, 상위 모음이고 원순 모음이다. 혀의 뒷부분이 높이 올라가고 입술이 /o/ 발음 때보다 더 앞으로 나오면서 둥글게 된다.

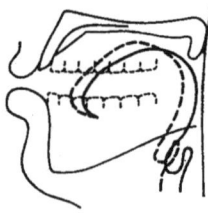

예) уро́к 학과   стул 의자

У у

[f] 에프

순치음, 마찰음으로 무성음이다. 자음 /в/와 똑같이 조음되고, 다만 성대가 울리지 않는 무성음이라는 차이가 있을 뿐이다.

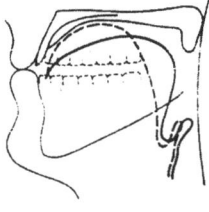

예) фру́кты 과일   футбо́л 축구

Ф ф   Ф ф Ф ф

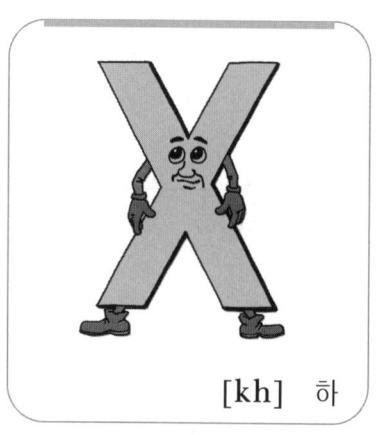

[kh] 하

후설음, 마찰음으로 무성음이다. 혀의 뒷부분이 연구개 쪽으로 올라가서 조그만 틈이 형성된다. 그 틈으로 공기가 빠져 나오면서 발음된다.

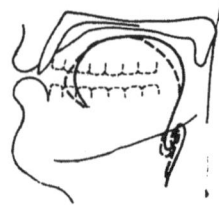

[예] хо́лод 추위   смех 웃음

X x   X x X x

x   *x x x*

x   *x x x*

[ts] 쩨

전설 치경음, 파찰음으로 무성음이다. 발음의 첫 단계에서 /т/ 발음 시 나타났던 파열이 일어나고, 두 번째 단계에서는 /с/음과 같은 마찰이 일어난다. 이때 혀끝은 아랫니를 건드린다.

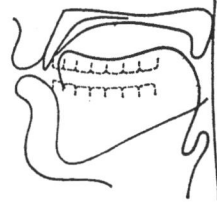

예) цель 목적

Ц ц

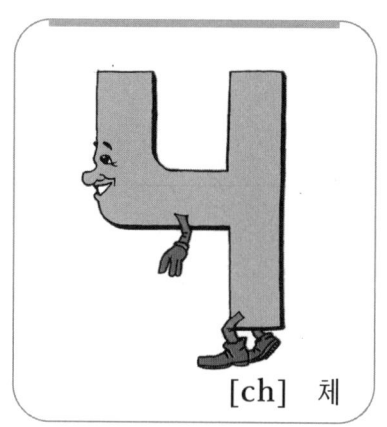

[ch] 체

전설 경구개음, 파찰음으로 무성음이다. 발음의 첫 단계에서 /т/ 발음 시 나타났던 파열이 일어나고, 두 번째 단계에서는 /ш'/음과 같은 마찰이 일어난다. 이때 혀끝은 아랫니 주위에 위치한다.

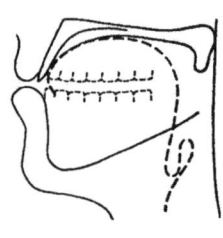

예 час 시간 врач 의사

Ч ч

[sh] 샤

전설 경구개음, 마찰음으로 무성음이다. 자음 /ж/와 똑같이 조음되고, 다만 성대가 울리지 않는 무성음이라는 차이가 있다.

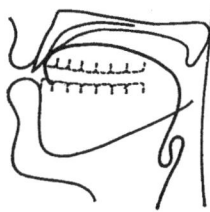

예) шесть 여섯 шéя 목

Ш ш

[shch] 쉬차

전설 경구개음, 마찰음으로 무성음이다. 혀의 앞부분은 경구개로 향하고 중간부분은 연구개로 올라간다. 항상 연음이며 장음이다.

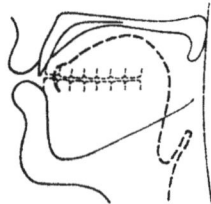

예) щи 야채스프

뜨뵤르드이 즈낙

경음(硬音)부호

Ъ ъ Ъ ъ Ъ ъ

ъ ъ ъ ъ

[ɨ] 의

후치, 상위 모음이고 비원순모음이다. 모음 /и/와 비교했을 때, 혀가 약간 안쪽에 위치하지만, 모음 /y/보다는 앞쪽이다. 혀의 앞부분은 경구개로 올라가고, 가운데와 뒷부분은 연구개로 올라간다.

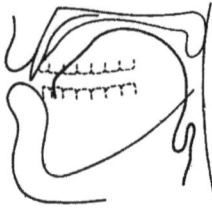

예 ты 너   вы 당신(들)

Ы ы   Ы ы Ы ы

ы   ы ы ы

мягкий знак

연음(軟音)부호

Ьь Ьь Ьь

ь ь ь

알파벳 익히기 37

[e] 에

전치, 중위 모음이고 비원순 모음이다. 혀의 앞부분이 약간 올라간다.

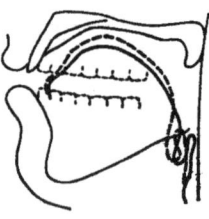

예 э́то 이것   эта́ж 층

Э э   Э э Э э

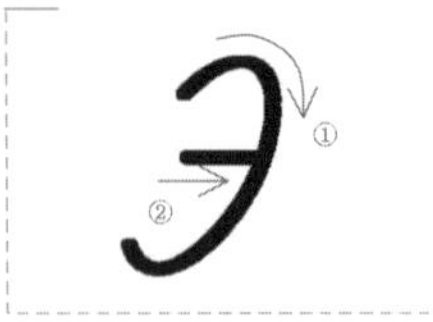

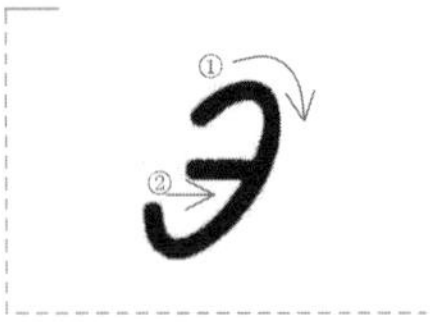

Э①②   Э Э Э

Э①②   Э Э Э

[ju] 유

후치, 상위 모음이고 원순 모음이다. 혀의 뒷부분이 높이 올라가고 입술이 [O]발음 때보다 더 앞으로 나오면서 둥글게 된다.

예 ю́bka 치마　юг 남쪽

Ю ю

[ja] 야

후치, 하위 모음이고, 비원순 모음이다. 혀끝은 올라간다. 즉, [a]와 조음 위치, 방법이 유사하다. 다만 [a] 앞에 [j] 발음을 추가하면 된다. 한국어의 복모음 [ja]와 발음이 유사하다

예) Я 나 язы́к 언어

Я я Я Я Я

𝓐 𝓐 𝓐 𝓐

𝓪 𝓪 𝓪 𝓪

쓰·기·연·습

Аа
Аа

Бб
Бб

Вв
Вв

Гг
Гг

Дд
Дд

Ее
Ее

쓰·기·연·습

Л л

Л л

М м

М м

Н н

Н н

О о

О о

П п

П п

Р р

Р р

알파벳 익히기

쓰·기·연·습

Сс
Сс

Тт
Тт

Уу
Уу

Фф
Фф

Хх
Хх

Цц
Цц

Ч ч
Ч ч

Ш ш
Ш ш

Щ щ
Щ щ

Ъ ъ
ъ

Ы ы
ы

Ь ь
ь

쓰·기·연·습

Э э
Э э

Ю ю
Ю ю

Я я
Я я

그림으로 단어 익히기

그림으로 단어 익히기

Актёр 배우

Актёр

Арбу́з 수박

Арбуз

Бараба́н 북

Барабан

Библиоте́ка 도서관

Библиотека

Булка

Бу́лка 흰빵

Веер

Ве́ер 부채

Велосипед

Велосипе́д 자전거

Ветер

Ве́тер 바람

Вратарь

Врата́рь 골키퍼

Гараж

Гара́ж 차고

Гол

Гол 골

Грузовик

Грузови́к 화물차

Дирижёр

Дирижёр 지휘자

Драка

Дра́ка 싸움

Душ 샤워

Душ

Еда́ 음식(물), 먹는 것

Еда

Ёж 고슴도치

Ёж

Ездо́к 승마자, 기수

Ездок

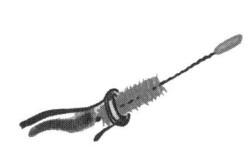
Ёршик 병씻개

Ёршик

Жа́ба 두꺼비

Жаба

Жира́ф 기린

Жираф

Журна́л 잡지

Журнал

Зал 홀

Зал

Зе́бра 얼룩말

Зебра

Зоопа́рк 동물원

Зоопарк

Костёр 모닥불

Костёр

Игла́ 바늘, 침

Игла

И́глу 에스키모인의 집

Иглу

Игру́шка 장난감

Игрушка

Изба́ 농가

Изба

Класс 교실

Класс

Кольцо́ 반지

Кольцо

Ку́кла 인형

Кукла

Ла́мпа 스탠드, 전등

Лампа

Лебедь

Ле́бедь 백조

Лист

Лист 나뭇잎

Матрац

Матра́ц 메트리스

Машина

Маши́на 자동차

Медаль

Меда́ль 메달

Мотор

Мото́р 모터

Мыло

Мы́ло 비누

Нож

Нож 칼

Номер

Но́мер 번호

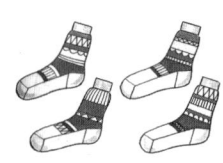

Носки

Носки́ 양말

Óблако 구름

Óвощь 채소

Очки́ 안경

Парк 공원

Певе́ц 가수

Пианист 피아니스트

Пианист

Постéль 침대

Постель

Рáдио 라디오

Радио

Ракéта 로케트

Ракета

Рóза 장미

Роза

Рыба 물고기

Рыба

Самолёт 비행기

Самолёт

Солдат 군인

Солдат

Стол 책상

Стол

Телефон 전화기

Телефон

Тигр 호랑이

Тигр

Ýлица 거리

Улица

Ýхо 귀

Ухо

Учи́тель 선생님

Учитель

Фа́кел 횃불

Факел

Ферма

Фе́рма 농장

Флаг

Флаг 국기

Фонарь

Фона́рь 가로등

Хлеб

Хлеб 흑빵

Холодильник

Холоди́льник 냉장고

Хор Хор 합창

Цирк Цирк 서커스

Цифра Ци́фра 숫자

Чайка Ча́йка 갈매기

Часы Часы́ 시계

Чемодан

Чемода́н 여행용 큰 가방

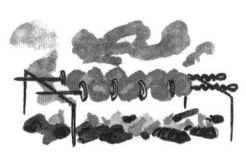

Шашлык

Шашлы́к 꼬치구이

Шляпа

Шля́па 모자

Шофёр

Шофёр 운전수

Щель

Щель 틈새

Щенóк 강아지

Щенок

Щётка 구두 솔

Щётка

Экрáн 스크린

Экран

Экскавáтор 굴착기

Экскаватор

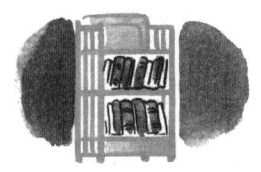

Этажéрка 책장

Этажерка

Ю́бка 치마

Юла́ 팽이

Я́корь 닻

Я́щерица 도마뱀

단어 및 문장 익히기

단어 및 문장 익히기

인체

Во́лосы 모발(복수)

Волосы

Бровь 눈썹

Бровь

Глаз 눈

Глаз

Нос 코

Нос

| Щека́ | 빰 |

Щека

| Гу́бы | 입술(복수) |

Губы

| Зу́бы | 치아(복수) |

Зубы

| Рот | 입 |

Рот

| Язы́к | 혀 |

Язык

Уши 귀(복수)

Уши

Голова́ 머리

Голова

Лицо́ 얼굴

Лицо

Ше́я 목

Шея

Плечо́ 어깨

Плечо

Рукá 팔

Рука

Ногá 다리

Нога

Спинá 등

Спина

Живóт 배

Живот

Грудь 가슴

Грудь

인칭대명사 및 호칭

Я 나

Я

Ты 너

Ты

Он 그 사람

Он

Она́ 그녀

Она

Оно́ 그것

Оно

| Мы | 우리들 |

Мы

| Вы | 당신들 |

Вы

| Они́ | 그들 |

Они

| Де́душка | 할아버지 |

Дедушка

| Ба́бушка | 할머니 |

Бабушка

Отéц　아버지

Отец

Мать　어머니

Мать

Пáпа　아빠

Папа

Мáма　엄마

Мама

Сын　아들

Сын

Дочь 딸

Дочь

Брат 남자형제

Брат

Сестра́ 여자형제

Сестра

Внук 손자

Внук

Вну́ка 손녀딸

Внука

| Дя́дя | 아저씨 |

Дядя

| Тётя | 아주머니 |

Тётя

| Мужчи́на | 남자 |

Мужчина

| Же́нщина | 여자 |

Женщина

| Жени́х | 약혼자 (남) |

Жених

Невéста 약혼녀

Невеста

Племя́нник 조카

Племянник

Племя́нница 조카딸

Племянница

Ма́льчик 소년

Мальчик

Де́вочка 소녀

Девочка

Па́рень 젊은이

Парень

Де́вушка 아가씨

Девушка

Челове́к 사람

Человек

Лю́ди 사람들

Люди

Ребёнок 아이

Ребёнок

| Семья́ | 가족 |

Семья

계절 · 요일 · 월 등

| Вре́мя го́да | 계절 |

Время года

| Весна́ | 봄 |

Весна

| Ле́то | 여름 |

Лето

Óсень 가을

Осень

Зимá 겨울

Зима

Недéля 1주일

Неделя

Понедéльник 월요일

Понедельник

Втóрник 화요일

Вторник

Среда́ 수요일

Среда

Четве́рг 목요일

Четверг

Пя́тница 금요일

Пятница

Суббо́та 토요일

Суббота

Воскресе́нье 일요일

Воскресенье

Вчера́ 어제

Вчера

Сего́дня 오늘

Сегодня

За́втра 내일

Завтра

Послеза́втра 모레

Послезавтра

Позавчера́ 그저께

Позавчера

Ме́сяц 달. 月

Месяц

Янва́рь 1월

Январь

Февра́ль 2월

Февраль

Март 3월

Март

Апре́ль 4월

Апрель

Май 5월

Май

Июнь 6월

Июнь

Июль 7월

Июль

Август 8월

Август

Сентябрь 9월

Сентябрь

| Октя́брь | 10월 |

Октябрь

| Ноя́брь | 11월 |

Ноябрь

| Дека́брь | 12월 |

Декабрь

방위

| Восто́к | 동 |

Восток

За́пад 서

Запад

Юг 남

Юг

Се́вер 북

Север

숫자

Оди́н(남), Одна́(여), Одно́(중), Одни́(복)   1, 하나

Один, Одна, Одно, Одни

| Два(남, 중), Две(여) | 2, 둘 |

Два, Две

| Три | 3, 셋 |

Три

| Четы́ре | 4, 넷 |

Четыре

| Пять | 5, 다섯 |

Пять

| Шесть | 6, 여섯 |

Шесть

Семь 7, 일곱

Семь

Восемь 8, 여덟

Восемь

Девять 9, 아홉

Девять

Десять 10, 열

Десять

Двадцать 20

Двадцать

Тридцать 30

Тридцать

Сорок 40

Сорок

Пятьдесят 50

Пятьдесят

Шестьдесят 60

Шестьдесят

Семьдесят 70

Семьдесят

Восемьдесят 80

Восемьдесят

Девяносто 90

Девяносто

Сто 100

Сто

Двести 200

Двести

Триста 300

Триста

Четы́реста 400

Четыреста

Пятьсо́т 500

Пятьсот

Шестьсо́т 600

Шестьсот

Семьсо́т 700

Семьсот

Восемьсо́т 800

Восемьсот

Девятьсо́т   900

Девятьсот

Ты́сяча   천 (1,000)

Тысяча

Де́сять ты́сяч   만 (10,000)

Десять тысяч

Сто ты́сяч   십만 (100,000)

Сто тысяч

Миллио́н   백만 (1,000,000)

Миллион

Биллио́н   10억

Биллион

인사말

Здра́вствуйте!   안녕하세요!

Здравствуйте!

До́брое у́тро!   좋은 아침입니다! (아침인사)

Доброе утро!

До́брый день!   안녕하세요! (낮인사)

Добрый день!

Дóбрый вéчер! 안녕하세요! (저녁인사)

Добрый вечер!

Привéт! 안녕! (만났을 때)

Привет!

До свидáния! 안녕! (헤어질 때 인사)

До свидания!

Спокóйной нóчи! 안녕히 주무세요! (밤인사)

Спокойной ночи!

Покá! 안녕 (잠시 헤어질 때)

Пока!

| Спаси́бо! | 고맙습니다! |

Спасибо!

| Счастли́вого пути́! | 행복한 여행되세요! |

Счастливого пути!

| До встре́чи. | 다시 만날 때까지. |

До встречи.

| До за́втра. | 내일 봐요. |

До завтра.

| Как дела́? | 어떻게 지내? |

Как дела?

Как вы поживáете? 어떻게 지내세요?

Как вы поживаете?

Прия́тного аппети́та! 맛있게 드세요!

Приятного аппетита!

Хорошо́! 좋습니다!

Хорошо!

Всего́ хоро́шего! 좋은 일만 있기를!

Всего хорошего!

Како́й хоро́ший день! 얼마나 좋은 날인가!

Какой хороший день!

Óчень прия́тно. 매우 반갑습니다.

Очень приятно.

Скажи́те, пожа́луйста. 말씀 좀 해 주세요.

Скажите, пожалуйста.

Извини́те, пожа́луйста. 실례합니다.

Извините, пожалуйста.

Помоги́те! 도와주세요!

Помогите!

Осторо́жно! 조심하세요!

Осторожно!

Одну́ мину́тку! 잠깐만요!

Одну минутку!

일상적인 문장의 질문과 대답

Кто э́то? 이분은 누구입니까?

Кто это?

Э́то мой оте́ц. 이 분은 나의 아버지이시다.

Это мой отец.

Что э́то? 이것은 무엇입니까?

Что это?

Э́то стол.   이것은 책상입니다.

Это стол.

Ско́лько сто́ит э́то?   이것은 얼마입니까?

Сколько стоит это?

Сто ты́сяч вон.   10만원입니다.

Сто тысяч вон.

Как вас зову́т?   당신을 어떻게 부르죠? (당신 이름이 무엇입니까?)

Как вас зовут?

Меня́ зову́т Са́ша.   나를 사샤라고 부릅니다. (내 이름은 사샤입니다.)

Меня зовут Саша.

Где вы роди́лись? 당신은 어디에서 태어났습니까?

Где вы родились?

Я роди́лся в Сеу́ле. 나는 서울에서 태어났습니다.

Я родился в Сеуле.

Вы понима́ете меня́? 당신은 내말을 이해합니까?

Вы понимаете меня?

Да, я понима́ю. 예, 나는 이해합니다.

Да, я понимаю.

Ско́лько вам лет? 당신은 몇 살입니까?

Сколько вам лет?

| Мне 19 лет. | 나는 19세입니다. |

Мне 19 лет.

| Откуда вы? | 당신은 어디에서 왔죠? |

Откуда вы?

| Я из Кореи. | 나는 한국에서 왔습니다. |

Я из Кореи.

| Что вам нужно? | 당신에게 필요한 것이 무엇이지요? |

Что вам нужно?

| Мне нужно помощь. | 나는 도움이 필요합니다. |

Мне нужно помощь.

У вас есть вре́мя? 당신에게 시간이 있습니까?

У вас есть время?

Да, у меня́ есть вре́мя. 예, 나에게는 시간이 있습니다.

Да, у меня есть время.

Где вы живёте? 당신은 어디에 삽니까?

Где вы живёте?

Я живу́ в Сеу́ле. 나는 서울에 삽니다.

Я живу в Сеуле.

Как вы чу́вствуете? 당신의 건강은 어떻습니까?

Как вы чувствуете?

Я пло́хо чу́вствую себя́.　나는 몸이 좋지 않습니다.

Я плохо чувствую себя.

Вы говори́те по-ру́сски?　당신은 러시아어를 말합니까?

Вы говорите по-русски?

Да, я говорю́ по-ру́сски.　예, 나는 러시아어를 말합니다.

Да, я говорю по-русски.

Нет, я не говорю́ по-ру́сски.　아니오, 나는 러시아어를 말하지 못합니다.

Нет, я не говорю по-русски.

Како́й у вас но́мер телефо́на?　당신의 전화번호는 몇 번입니까?

Какой у вас номер телефона?

Вот мой телефо́н. 이게 나의 전화입니다.

Вот мой телефон.

Мо́жно вам позвони́ть? 당신에게 전화해도 됩니까?

Можно вам позвонить?

Да, коне́чно, мо́жно. 예, 물론 가능하죠.

Да, конечно, можно.

Вы мо́жете мне помо́чь? 당신은 나를 도와주실 수 있습니까?

Вы можете мне помочь?

Да, коне́чно, мо́жно. 예, 물론 가능하죠.

Да, конечно, можно.

Ты зна́ешь, кто э́то? 너는 이 사람이 누구인지 아느냐?

Ты знаешь, кто это?

Да, я зна́ю, кто э́то. Он мой друг.
예, 나는 이 사람이 누구인지 압니다. 그는 나의 친구입니다.

Да, я знаю, кто это. Он мой друг.

Нет, я не зна́ю, кто э́то. 아니오, 나는 이 사람이 누구인지 모릅니다.

Нет, я не знаю, кто это.

Дава́йте познако́мимся? 서로 인사하고(통성명하고) 지냅시다.

Давайте познакомимся?

Меня́ зову́т И́горь. А вас? 나는 이고리입니다. 당신은요?

Меня зовут Игорь. А вас?

Меня́ зову́т Мари́на.　나는 마리나입니다.

Меня зовут Марина.

Óчень рáд(а) вас ви́деть.　당신을 만나서 매우 반갑습니다.

Очень рад(а) вас видеть.

Что случи́лось?　무슨 일이지?

Что случилось?

Ничегó.　아무것도 아냐.

Ничего.

Всё в поря́дке?　모든 것이 정상입니까?

Всё в порядке?

Да, всё нормально. 예, 모든 것이 정상입니다.

Да, всё нормально.

Куда́ ты идёшь? 너는 어디로 가느냐?

Куда ты идёшь?

Я иду́ в парк. 나는 공원에 간다.

Я иду в парк.

Почему́? 왜?

Почему?

Потому́ что. 왜냐하면.

Потому что.

Когда́ ты бу́дешь до́ма?   너는 언제 집에 있지?

Когда ты будешь дома?

У́тром я бу́ду.   나는 아침에 있을거야.

Утром я буду.

Что ты де́лаешь?   너는 무엇을 하니?

Что ты делаешь?

Я игра́ю в футбо́л.   나는 축구를 하며 놀아.

Я играю в футбол.

У тебя́ есть подру́га?   너는 여자친구가 있니?

У тебя есть подруга?

Да, у меня есть.   예, 나는 있습니다.

Да, у меня есть.

Ты лю́бишь спорт, Са́ша?   사샤, 너는 스포츠를 좋아하니?

Ты любишь спорт, Саша?

Да, я люблю́ спорт.   예, 나는 스포츠를 좋아합니다.

Да, я люблю спорт.

Я го́лоден. Я хочу́ есть.   나는 배가 고픕니다. 나는 먹고 싶습니다.

Я голоден. Я хочу есть.

Как жаль!   안타깝습니다.

Как жаль!

Алло́! 여보세요!

Алло!

Я слу́шаю вас. 여보세요(전화를 받는 사람)

Я слушаю вас.

Како́й сего́дня день? 오늘이 무슨 요일이지요?

Какой сегодня день?

Сего́дня вто́рник. 오늘은 화요일입니다.

Сегодня вторник.

Кото́рый час? 몇 시죠?

Который час?

Сейча́с 9 часо́в утра́.   지금은 아침 9시입니다.

Сейчас 9 часов утра.

Кака́я сего́дня пого́да?   오늘 날씨는 어떻죠?

Какая сегодня погода?

Сего́дня хоро́шая пого́да.   오늘은 좋은 날씨입니다.

Сегодня хорошая погода.

Я люблю́ вас.   나는 당신을 사랑합니다.

Я люблю вас.

Я люблю́ тебя́.   나는 너를 사랑해.

Я люблю тебя.

러시아어 쓰기 연습

2002년 12월 27일 1판 1쇄 펴냄
2013년 3월 29일 2판 2쇄 펴냄
2021년 12월 17일 2판 3쇄 펴냄

지은이 홍기순
펴낸이 김흥국
펴낸곳 도서출판 보고사

등록 1990년 12월 13일 제6-0429호
주소 경기도 파주시 회동길 337-15 보고사
전화 031-955-9797(대표), 02-922-5120~1(편집), 02-922-2246(영업)
팩스 02-922-6990
메일 kanapub3@naver.com / bogosabooks@naver.com
http://www.bogosabooks.co.kr

ISBN 89-8433-134-1 03790

정가 5,000원
사전 동의 없는 무단 전재 및 복제를 금합니다.
잘못 만들어진 책은 바꾸어 드립니다.